百 正

更 母

求 生

力　而

方　重

乃　為

未 未

垂 垂

西 西

冰	冰
口	唯
山	峥

加	加
木	相
力	動

腊 腊

忄 恍

氵 深

形	形
弓	引
刂	利

雖	雖
彳	後
王	理

記 記

釒 針

彡 彫

矩	矩
女	如
糸	終

德	德
欠	歐
亻	代

能 能

斤 新

阝 郡

惜 惜

日 時

車 輟

勤	勤
扌	揚
牜	物

龍 龍

犭 猶

月 肌

随	随
𧾷	躇
攵	政

彼	彼
言	詞
礻	福

暑	暑
田	卑
白	泉

書	書
八	與
灬	照

繁	繁
巾	常
貝	貴

呈 呈

山 崇

王 皇

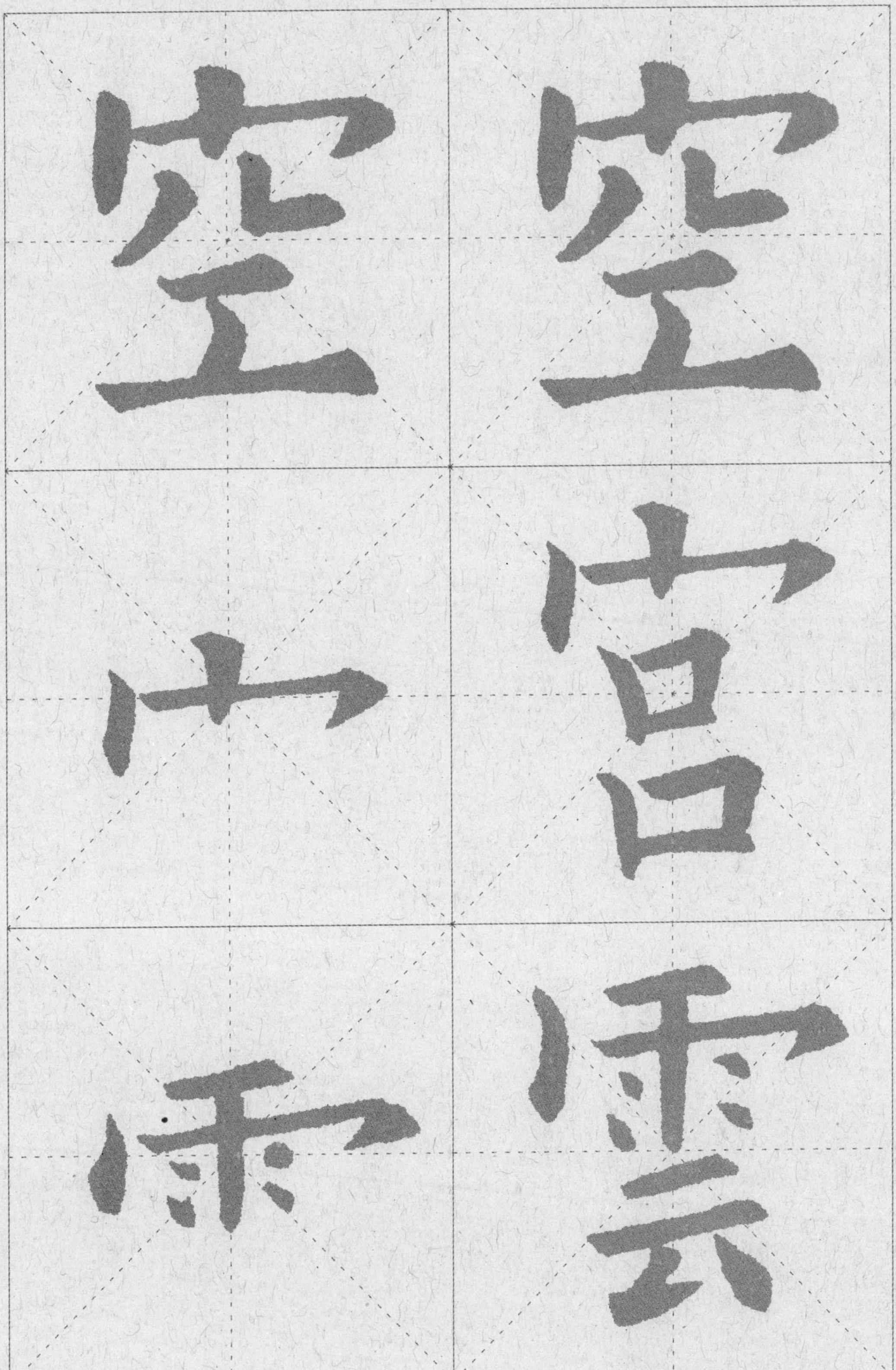

架 架

皿 盂

心 恩

火	火
夂	夏
儿	克

名 名

人 合

夫 泰

疾 疾

广 麽

尸 居

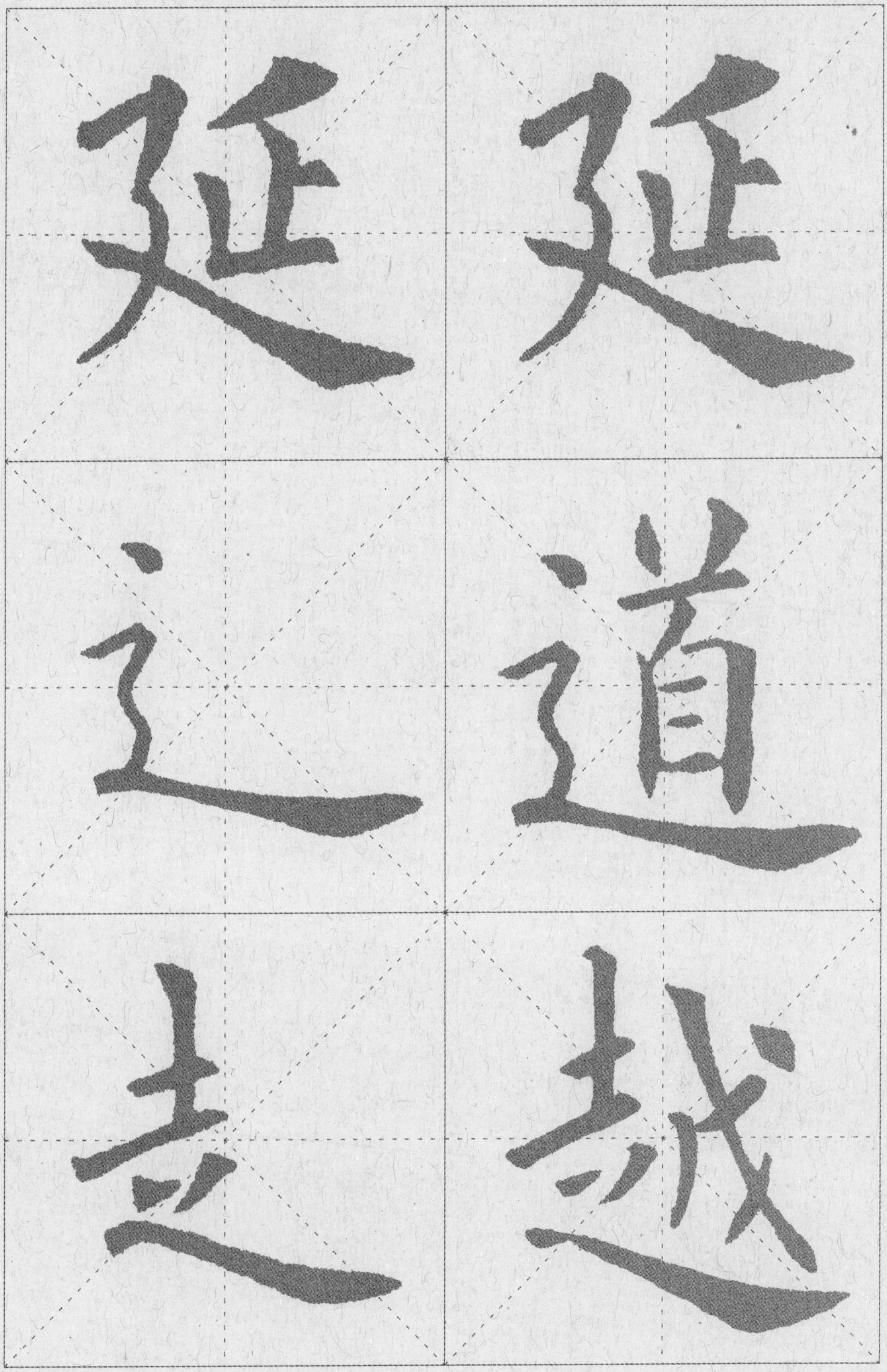
延
延
道
越

𢦏	栽
气	氣
勹	旬

閑 閑

几 風

口 固